Warum Karl Rahner?

Impuls zum Rahner-Jahr 2024

von Rudolf Hubert

Impressum:

Warum Karl Rahner?

Impuls zum Rahner-Jahr 2024

von Rudolf Hubert © 2024

Herausgeber: Hans-Jürgen Sträter, Adlerstein Verlag Ausgabe

vom 1. August 2024

Herstellung und Verlag: BoD - Books on Demand, Norderstedt

ISBN: 978375770745

Inhaltsverzeichnis

Vorwort

Im Jahr 2024 gedenken wir des 120. Geburtstages und des 40. Todestages des Konzilstheologen Karl Rahner. Viele Impulse aus seinem umfangreichen Werk harren bis heute der hinreichenden Umsetzung. Dabei geben gerade sie nicht nur Antwort in einer Zeit allgemeiner Unsicherheit. Sie geben auch verlässlich Orientierung in Lebensfragen und in Situationen der Angst und Überforderung Die heute sich gegenseitig verstärkenden Momente diverser Krisen auf vielen Gebieten unserer Gesellschaft haben auch die Kirche mit ihrer Caritas erfasst. Insbesondere die Sinnfrage wird oft gar nicht (mehr) gestellt. Dieser Ausfall, der einhergeht mit Ratlosigkeit und Ohnmacht einerseits und Hybris und Gleichgültigkeit andererseits, führt nicht selten zum Ausfall der Frage, was uns im Wesentlichen als Menschen ausmacht. Rahner beklagte schon sehr früh den Ausfall der Gottesfrage und wies darauf hin, dass dieser auch den Ausfall der Frage nach dem Menschen nach sich zieht. Mit all den verheerenden Folgen, für die die Krisen unserer Zeit ebenso wie die Flucht in Selbsterlösungsfantasien wie ein Menetekel stehen.

Dabei ist die Theologie nach Karl Rahner

> „der die ganze Existenz kostende Aufwand, die Geheimnishaftigkeit Gottes als vom Menschen

anzunehmende zu verteidigen gegenüber dem hybriden Zugriff auf Gott"[1].

Die Impulse Karl Rahners können gerade auch in unserer Zeit den kirchlichen Charakter der Caritas als auch den caritativen Charakter der Kirche deutlich machen, denn

> „das letzte Wort der Theologie Karl Rahners als anthropologischer ist die mystagogische Aufforderung, die Nächstenliebe zu vollziehen als Verähnlichung Christi und als Erfüllung des Begriffes, den Gott mit seiner Inkarnation vom Menschen gebildet hat."[2]

Kirche wird diakonisch sein – oder sie wird nicht mehr sein. So könnte der Satz abgewandelt lauten, den Rahner einst geprägt hat über den „Frommen der Zukunft". Und dabei erschöpft sich kirchlich-caritatives Tun nicht im ‚Ritus der Fußwaschung' allein und auch nicht im ‚Samariterdienst' tätiger Liebe, so wichtig dieser Dienst auch ist. Nach Rahner sucht Caritas

> „den Menschen der ewigen Bestimmung; sie ist eine Liebe, der es nicht verwehrt sein darf, im Menschen unendlich mehr zu sehen als einen bloßen Menschen, sie ist eine Liebe, die den Menschen mit den Augen der Weisheit Gottes

---

[1] Ralf Miggelbrink „Ekstatische Gottesliebe im tätigen Weltbezug", Altenberge 1989, S.70

[2] Ralf Miggelbrink „Ekstatische Gottesliebe im tätigen Weltbezug", Altenberge 1989, S. 317

und der Liebe des Heiligen Geistes anschaut, die Liebe, die die schöpferische Herablassung Gottes mitvollzieht. Dieser Verband kann darum nie von seinem religiösen Ursprung und seiner christlichen Wurzel losgerissen werden…"[3]

Es reicht nicht, sich dieses großen Glaubenslehrers nur zu erinnern. Anders gesagt: Es ist die beste Erinnerung an diesen Glaubenszeugen, wenn seine Impulse und Anregungen nicht nur respektiert, sondern vor allem (endlich) umgesetzt werden. Die nachfolgenden Gedanken können nur kleine, schüchterne Versuche solch einer Umsetzung sein. Sie wollen in jedem Fall bezeugen, wie sehr sie sich dem Wirken Karl Rahners dankbar verpflichtet fühlen.

---

[3] Karl Rahner „Sendung und Gnade", Innsbruck-Wien-München, 1961, S. 421f – dritte durchgesehene Auflage, erste Auflage S. 425f – kursiv RH

Warum Karl Rahner?

Vor 120 Jahren wurde Karl Rahner geboren, vor 40 Jahren starb der bekannte Konzilstheologe in Innsbruck. Noch heute kommt kein theologisches Standardwerk ohne Rückgriff auf Karl Rahner aus. Doch in der kirchlichen und auch allgemeinen Öffentlichkeit sind Person und Werk Karl Rahners kaum noch bekannt. Das ist sowohl bedauerlich als auch bedenklich, denn Karl Rahners Impulse können auch heute wirksame Hilfe sein in einer Welt, in der die Gottesfrage kaum noch gestellt wird.

„Die deutsche katholische Theologie hatte in der zweiten Jahrhunderthälfte des 20. Jahrhunderts vor und nach dem Zweiten Vatikanischen Konzil Weltgeltung. Sie hat wesentlich dazu beigetragen, dass die katholische Kirche eine milieukatholische oder gegengesellschaftliche Enge überwunden hat und in vorher beargwöhnte Dialoge eingetreten ist, sei es in ökumenischer, religiöser, gesellschaftlicher oder auch politischer Hinsicht. Durch prägende Persönlichkeiten ist sie auch in der Leitung der Weltkirche angekommen.

9

Karl Rahners Werk hat dabei eine große anregende Qualität gehabt und ist nach wie vor in vieler Hinsicht hilfreich." [4]

Die nachfolgende kleine Dokumentation von Aussagen über die Theologie Karl Rahners kann vielleicht anregen, sich dem Werk dieses Jahrhunderttheologen wieder neu zu zuwenden. Denn vielleicht ist gerade die Theologie Karl Rahners dazu imstande, „das Fragen zu lernen" [5]. Das Irritieren von Selbstverständlichkeiten und (ange-nommenen) Plausibilitäten wird nämlich gerade heute ein Dienst der Glaubensvermittlung sein (müssen). Wenn die Gottesfrage gänzlich verstummt, wird es nicht lange dauern, bis auch die Frage nach dem Menschen nicht mehr gestellt wird.

Nietzsche hat es vorausgesehen, wohin der „Tod Gottes" führt. Wir taumeln dann nur noch ohne Orientierung im unendlichen Raum. Und Dostojewskis Diagnose: „Wenn Gott verschwunden ist, dann ist alles erlaubt", scheint ebenfalls heute weithin Realität zu sein, wenn man die

---

[4] Albert Raffelt in Patria e Umanita, Trieste, 2023Pensa Editore XVI, S.321 – 346 (hier 321 f)

[5] Titel des Theologischen Jahrbuchs 1975, Leipzig

vielfältigen, sich gegenseitig verstärkenden globalen Krisen betrachtet. Das Diktum Sartres, dass menschliche Existenz eine „verdammte Existenz" ist, scheint das Zeitgefühl vieler Zeitgenossinnen und Zeitgenossen zu treffen. Denn Angst und Ohnmacht spiegeln sich in vielen Gefühlen wider, die eng verbunden sind mit Fantasien der Allmacht und der Hybris absoluten Wissens und Könnens, insbesondere im politischen Raum, der nicht selten von Extremisten und Populisten dominiert wird. Joseph Ratzinger schrieb einmal in „Wendezeit für Europa" angesichts des Ausfalls des Religiösen im politischen Raum:

> „Die Erfahrung der Unerlöstheit, der Entfremdung verstärkt sich, und die Erfüllung, die jenseits nicht sein kann und die von keiner Gnade geschenkt wird, muss nun in dieser Welt durch eigenes Handeln bewerkstelligt werden. Damit wird aber an die Politik eine Erwartung geknüpft, der sie nicht entsprechen kann. Die zur Politik gewordene Religion überfordert die Politik und

wird damit zu einer Quelle der Desintegration des Menschen in der Gesellschaft." [6]

In diesen Raum hinein sprechen die Impulse Karl Rahners, auf die einige seiner Interpreten aufmerksam gemacht haben. Sie können kraftvoll, tröstend und heilend sein – wenn man sich auf sie einlässt! Diese kleine Sammlung möchte dazu Mut machen, sich auf die Impulse eines Glaubenszeugen einzulassen, dessen Werk eine Glaubenshilfe für Gegenwart und Zukunft sein kann und – so meine Hoffnung – sein wird. Ja, mir scheint, dass das Werk Karl Rahner „erst noch im Kommen" begriffen ist.

Beginnen möchte ich diese kleine Sammlung wichtiger Aussagen über Karl Rahners Theologie mit einem frühen Gebetswort Rahners. Es ist so recht ein Gegenstück zum neuzeitlich wirkmächtigen „Ich denke, also bin ich" und kann etwas vermitteln von dem, was allem Glauben zugrunde liegt: Wir sind vor allem eine verdankte Existenz.

---

[6] Joseph Ratzinger „Wendezeit für Europa, Freiburg 1992, S. 113

„Was habe ich also anders dir von dir zu sagen,
als dass du der bist, ohne den ich nicht sein kann,
als dass du die Unendlichkeit bist, in der allein
ich, Mensch der Endlichkeit, zu leben vermag? ...
ich bin der, der sich nicht selbst gehört, sondern
dir. Mehr weiß ich nicht von mir, mehr nicht von
dir – Du -, Gott meines Lebens, Unendlichkeit
meiner Endlichkeit."[7]

„Rahner ist der Theologe der Universalität der
Gnade. Man wird diesen Ehrentitel auch anderen
Theologen des 20. Jahrhunderts geben können...
Aber der Rahnersche Duktus ist gerade darin
ganz spezifisch, dass er sich diesem großen
Thema, dem universalen Heilswillen Gottes...in
der Banalität des Alltags widmet ... Dass die
Tiefe des Menschlichen und des Christlichen
nicht voneinander zu trennen sind, ist für Rahner
eine theologische Kernaussage."[8]

---

[7] „Beten mit Karl Rahner", Band 2 „Gebete des Lebens",
Freiburg-Basel-Wien 2004, S. 27

[8] Albert Raffelt in „Von der Gnade des Alltags", Freiburg-
Basel-Wien 2006, S. 81-86

„Für viele ist Jesus doch irgendwie gefühlsmäßig eine Bezugsperson, die einen aufrichtet, tröstet, ermuntert, zur Nächstenliebe animiert, Gemeinschaft stiftet usw. Das ist aber im Grunde alles peripher zur radikal theozentrischen Bedeutung Jesu, also der Bedeutung Jesus bezüglich des absoluten Gottes in dem Sinn, dass Jesus die geschichtlich einzig absolut greifbare und universal siegreiche Verheißung Gottes ist; dass nämlich Gott sich als das Heil nicht nur anbietet, sondern von sich aus auch wirkt...“[9]

„Das >unterscheidend Christliche< nach Rahner ist das allen Menschen von Gott angebotene, seine Gnade. Während, so kann man sagen, sich andere Identitäten durch Abgrenzungen bestimmen, ist das Christliche als das Gemeinsame aller Menschen auf Grund ihrer Herkunft und Zukunft in Gott auszulegen.“[10]

---

[9] Paul M. Zulehner: „Du kommst unserem Tun mit deiner Gnade zuvor“ – Zur Theologie der Seelsorge, Paul M. Zulehner im Gespräch mit Karl Rahner“, Düsseldorf, 1984, S. 94; SW 28, S. 302
[10] Roman A. Siebenrock in „Nach Rahner“ – post et secundum, Köln 2004, S. 86

„Rahner…fragt, was denn der Theologe in seiner Anthropologie eigentlich aus dem Glauben vom Menschen wisse. Er antwortet: „Dass er das Wesen sei, das sich in Gott hinein verliert. Sonst doch eigentlich nichts. Denn nur was in diesem Satz impliziert ist, oder was unter diesem Horizont vom Menschen ausgesagt wird, ist eine wahrhaft theologische Aussage. Jede andere Aussage über den Menschen erhält ein theologisches Gewicht nur, wenn sie darauf zurückgeführt werden kann oder von daher verstanden wird, wenn einsichtig wird, … dass die Leugnung einer bestimmten Aussage die Verwiesenheit des Menschen auf Gott aufheben würde.“…Wenn der Mensch Geheimnis ist, dann gilt für ihn dasselbe wie im Hinblick auf Gott: er darf sich auch von sich selbst kein „Bild“ machen, in dem er meint, in vielen Einzelzügen (über sein letztes Wesen hinaus) ein für allemal erfassen. zu können, was er ist.“ [11]

---

[11] Siegfried Hübner in „Gott als Geheimnis des Menschen“ von Klaus P. Fischer/ Siegfried Hübner Wiesmoor 2015, S.105 f

„Die hypostatische Union des Christus-
ereignisses figuriert so in der Argumentation
Karl Rahners als die zentrale Dimension für den
Ausweis der Legitimität der anthropologischen
Wende der Theologie." (87 f)[12]

„Der Mensch existiert von der Selbstmitteilung
Gottes her und auf sie hin – Dieser Elementarsatz
der theologischen Anthropologie Karl Rahners
kann auf Grund der bisherigen Darstellung als
Grundlage und Vermittlungskriterium der anthropologisch ansetzenden Theologie gelten." (80 f)

„Für das Verhältnis von göttlicher und
menschlicher Wirklichkeit zueinander und damit
für alle anthropologisch beginnende Theologie
heißt das letztlich und grundsätzlich: *Das
Objektivste der Heilswirklichkeit, nämlich Gott
und seine Gnade erscheint zugleich als das
Subjektivste des Menschen, nämlich die*

---

[12] Diese Aussagen stammen von Anton Losinger „Orien-
tierungspunkt Mensch", St. Ottilien 1992 - Die in Klammern
stehenden Zahlen geben die jeweiligen Seitenzahlen an.

Unmittelbarkeit des geistigen Subjekts zu Gott durch diesen selbst. " (91)

„Die Dimensionen der Anthropologie erhalten nach Rahners Konzeption im Christusereignis ihre wesentliche Form und Dynamik. Weil – wie K.P. Fischer zusammenfassend schreibt – „der Abstieg Gottes" den „Aufstieg des Menschen" bedeutet und darum „Christologie als transzendierende Anthropologie" und zugleich umgekehrt „Anthropologie als defiziente Christologie" gelten kann, darum erschließt sich die theologische Relevanz der Christologie für die Anthropologie in der grundsätzlichen Bestimmung: *„Christus als ‚Eksistenz des Menschen.* " (85 f)

„Das letzte Wort der Theologie an den Menschen ist nicht die theoretische Spekulation über das Maß an Freiheit und Verantwortlichkeit in Einzelfällen, sondern die Zusage, dass sich Gott in seiner Gnade dem Menschen zu liebender Nähe anbietet und auch die akthafte Annahme seiner Selbstmitteilung in der personalen

17

Liebesekstase noch von Gott ermöglichend getragen ist."[13]

„Das letzte Wort der Theologie Karl Rahners als anthropologischer ist die mystagogische Aufforderung, die Nächstenliebe zu vollziehen als Verähnlichung Christi und als Erfüllung des Begriffes, den Gott mit seiner Inkarnation vom Menschen gebildet hat."[14]

„Die Theologie ist der die ganze Existenz kostende Aufwand, die Geheimnishaftigkeit Gottes als vom Menschen anzunehmende zu verteidigen gegenüber dem hybriden Zugriff auf Gott. Damit ist aber die Theologie als unter dem Gesetz der Analogie stehende notwendig ein schmerzhaftes Tun." [15]

---

[13] Ralf Miggelbrink „Ekstatische Gottesliebe im tätigen Weltbezug", Altenberge 1989, S. 148

[14] Ralf Miggelbrink „Ekstatische Gottesliebe im tätigen Weltbezug", Altenberge 1989, S. 317

[15] Ralf Miggelbrink „Ekstatische Gottesliebe im tätigen Weltbezug", Altenberge 1989, S.70

<u>Noch einmal und schlussendlich: Warum Karl Rahner?</u> Diese Frage kann niemand besser beantworten als Karl Rahner selbst. Darum gebührt ihm auch das letzte Wort in dieser Angelegenheit:

> „Alles Kirchliche, also alles Institutionelle, Rechtliche, Sakramentale, alles Wort, aller Betrieb in der Kirche und also auch alle Reform von all diesem Kirchlichen ist im letzten Verstand und in der letzten Absicht, so es sich nur selber richtig begreift und sich nicht selbst vergötzt, reiner *Dienst,* bloße Hilfestellung, für etwas ganz anderes, etwas ganz Einfaches und so gerade unbegreiflich Schweres und Seliges zumal: für Glaube, Hoffnung und Liebe in den Herzen aller Menschen."[16]

---

[16] Karl Rahner „Das Konzil – ein neuer Beginn", mit einer Hinführung von Karl Kardinal Lehmann, herausgegeben von Andreas R. Batlogg und Albert Raffelt, Freiburg-Basel-Wien 2012, S.52– Der Text des Vortrages von Karl Rahner ist auch abgedruckt in Rahners SW, 21/2, S. 775 ff

Verantworteter Glaube

I.

Wo kommt mir Hilfe her?" So möchte ich in Anlehnung an den Psalmisten fragen angesichts einer weit verbreiteten allgemeinen Skepsis gegenüber Staat und institutionellen Vorgaben und der anwachsenden Verliebtheit' in esoterische Verschwörungsmythen. Statt auf seriöse Wissenschaft und den Rat ausgewiesener Experten zu hören und demokratisch legitimierten Gremien zu vertrauen, erfreuen sich zum Teil skurrile und obskure 'Geheimlehren' und ‚Geheimkulte' einer Hochkonjunktur, wie man es noch vor einiger Zeit kaum für möglich gehalten hat. Der frühere Papst Benedikt sah hier schon vor Jahrzehnten eine große Gefahr auf uns zukommen. Und er nannte auch den Grund für diesen Zustand der ‚Selbsterniedrigung' des Menschen. Joseph Ratzinger sprach in diesem Zusammenhang davon, dass wir bedroht sind von einem „neuen Heidentum":

> „Der Mensch, der den einen guten Grund aller Dinge als zu fern, zu unsicher und zu unwichtig ausklammert, um sich stattdessen den näheren Mächten zuzuwenden, erniedrigt sich selbst.

Die Dekomposition der christlichen Synthese, vor der wir stehen, muss im letzten auch zu einer Desintegration des Menschen selbst führen." [17]

Ratzinger gab sehr genau für den - so oft beschworenen und oft auch sehr unklaren - Begriff vom ‚Sinn des Lebens' die ‚Koordinaten' an, die ihn auszeichnen.

„Sinn, das heißt der Boden, worauf unsere Existenz als ganze stehen und leben kann, kann nicht gemacht, sondern nur empfangen werden."[18]

Und:

„Der Mensch …lebt als Mensch und gerade in dem Eigentlichen seines Menschseins vom Wort, von der Liebe, vom Sinn." [19]

---

[17] Joseph Ratzinger „Berührt vom Unsichtbaren", Freiburg-Basel-Wien 2000, S. 228 – ursprünglich aus „Wendezeit für Europa", Freiburg 1992, S. 114 f

[18] Joseph Ratzinger „Einführung in das Christentum", München 1968, S. 47

[19] Joseph Ratzinger „Einführung in das Christentum", München 1968, S. 47

Hier wird eine große theologische Nähe zu Karl Rahner erkennbar, wenn Rahner über den Glauben schreibt:

> „Glaube (ist) nichts anderes als die positive, bedingungslose Annahme der eigenen Existenz als sinnvoll und offen auf eine endgültige Erfüllung, die wir Gott nennen."[20]

II.

„Wo kommt mir Hilfe her?" Hier ist vielleicht der Ort, nur in aller Kürze auf drei kleine Werke aufmerksam zu machen, die unter der Überschrift: ‚Verantworteter Glaube' so etwas sein können wie eine ‚nahrhafte Wegration'. Eine ‚Wegration' besonders dann, wenn der (Lebens)weg steinig und mühsam zu werden droht. Wenn – wie gegenwärtig - Selbstverständlichkeiten wegbrechen, Vertrautes fremd wird, Sicherheiten ins Wanken geraten und Plausibilitäten nachhaltig irritiert werden.

---

[20] Karl Rahner/Karl Heinz-Weger „Was sollen wir noch glauben?", Freiburg-Basel-Wien 1979, S. 40 f – SW 28, S.548

Wenn sehr viel im privaten, gesellschaftlichen und kirchlichen Bereich buchstäblich ‚in' s Rutschen kommt'. Wenn das liebgewordene Welt- und Selbstverständnis seine Selbstverständlichkeit verliert. Jene Bücher, auf die ich hier nur in alleräußerster Kürze hinweisen kann, sind für mich so recht drei ‚Helfer im Glauben'[21] geworden.

Zunächst *Hans Urs von Balthasar.* Sein Büchlein **„Der Kreuzweg"** beinhaltet eine eingehende Betrachtung der Kreuzwegstationen in der Berliner „St. Hedwigs-Kathedrale".[22]

> „Irgendwo im Knoten des Seins liegt die Wahrheit, die alles erklärt. Deren Enthüllung wir aus allen Kräften verhindern. Dass wir sind: holdes Wunder – und unverantwortlicher Stumpfsinn. Dass wir leiden: normale Folge unseres prekären, widersprüchlichen Wesens – und revoltierende Tatsache…wer stößt uns in ein Dasein, in dem keiner nicht schuldig werden kann…Für dessen absurde Gestalt wir – Staubkörnchen im riesigen

---

[21] Ausdruck von Karl Pfleger in „Christusfreude", Frankfurt/Main 1973, S. 57

[22] Die wunderbaren Illustrationen stammen von Josef Hegenbarth.

Stoffhaufen – auf keinen Fall belangt werden können…Bin ich als Ganzer das Nachbild dieses Urbilds, so dass ich mich selber gar nicht denken kann, ohne an ihn zu rühren?... Cogitor, ergo sum: *Er denkt mich,* darum bin ich." [23]

Dem schließt sich *Karl Rahner* mit seinem geistlichen Bestseller **„Von der Not und dem Segen des Gebetes"** an. Beginnen möchte ich allerdings mit einer Anfrage von Albert Raffelt, die wie in einem Brennglas die zentrale Problematik der christlichen Botschaft herausstellt:

„Die …Anfrage, ob nämlich die Nächstenliebe und der Mitmensch mit dem Anspruch der Heilsentscheidung und der Gottesbegegnung im zwischenmenschlichen Tun nicht hoffnungslos überlastet wird, muss aber auch gestellt werden. Gibt es überhaupt einen Punkt, an dem Nächstenliebe letztgültig angenommen werden kann? Gibt es ihn in der Geschichte? ...Vielleicht kann man erahnen, was es bedeutet, dass das Christen-

---

[23] Josef Hegenbarth – Hans Urs von Balthasar „Der Kreuzweg" – Der St. Hedwigs-Kathedrale in Berlin, Leipzig1964, S. 4-14, auch Leipzig 1996, S. 8 - 18

tum sich …auf Jesus von Nazareth beruft. Nicht ein Hineinhören in die eigene Tiefe – so wichtig es als solches für die seelische Gesundheit auch wieder sein mag -, sondern einen Bezug zur Geschichte verlangt es. Und es glaubt damit auch dem Wesen des Menschen zu entsprechen." [24]

Wie antwortet Karl Rahner auf diese zentrale Frage?

„So wie es wahrhaft Erde und wahrhaft Himmel gibt, so wie wahrhaft ein lebendiger, freier, allmächtiger Gott ist und doch auch wahrhaft freie kreatürliche Person, so gibt es diese Doppelheit auch im Bittgebet: wahrhaft Schrei der Not, die das Irdische will, und wahrhafte, radikale Kapitulation des Menschen vor dem Gott der Gerichte und der Unbegreiflichkeiten. Und beides in einem? Eines, ohne das andere aufzuheben? Ja. Wie ist das möglich? So möglich, wie es Christus gibt. Verwirklicht aber tausendmal in jedem wahrhaften Christenleben, in dem man wird – o höchste Tat des Menschen – wie ein Kind, das nicht deswegen davor Angst hat, Kind

---

[24] Albert Raffelt in „Gott-Sucher", Würzburg 1991, S. 111 f

und sogar kindisch zu sein, weil es seinen Vater weiser und weitsichtiger weiß und gütig in seiner unerklärten Härte, und darum doch auch nicht sein kindliches Urteil und Verlangen zur letzten Instanz macht…die Angst und das Vertrauen, den Willen zum Leben und die Bereitschaft zum Tode, die Gewissheit der Erhörung und den restlosen Verzicht, nach eigenem Plan erhört zu werden, das ist das Geheimnis des Christenlebens und des christlichen Bittgebetes. Denn für beides ist Christus der Gottmensch das eine und alleinige Gesetz." [25]

Der ‚Dritte im Bunde' sozusagen ist *Eugen Drewermann* mit seinem Buch **„Dass auch der Allerniedrigste mein Bruder sei."**

„Das aber bleibt gerade Dostojewskis Frage: Wann werden wir je imstande sein, uns von den Geldinteressen…freizumachen und der Stimme des Herzens, dem Flehen der Liebe zu folgen? Die Macht des Geldes wäre gebrochen, würden

---

[25] Beten mit Karl Rahner, Band 1 „Von der Not und dem Segen des Gebetes", Freiburg-Basel-Wien 2004, S. 128 f – SW 7, S. 83 f

die Menschen begreifen, wieviel von ihrer eigenen Schönheit und Würde verlorengeht, beginnen
sie erst einmal damit, ihre Selbstachtung zu
binden an Geldbesitz. Was Dostojewski in den
<<*Erniedrigten und Beleidigten*>> mit psycho-
logischen Mitteln erarbeitet, läuft deutlich
erkennbar auf dasselbe Entweder - Oder hinaus,
dass Jesus bereits in der Bergpredigt so
formuliert: <<Niemand kann zwei Herren dienen
…Ihr könnt nicht Gott dienen und dem
Mammon.>> (Mt 6, 24) Da ist eine absolute
Wahl über das ganze Leben zu treffen. Entweder
ein Mensch setzt seine Selbstachtung in das
Vertrauen, geliebt zu sein und lieben zu dürfen –
in die Idee des <<Gottmenschen>>, christlich
gesprochen, oder er setzt Macht und Geld zur
Selbstbegründung seiner Selbstachtung ein – die
Idee des <<Menschengottes>> aus den
<<Dämonen>>… Je nachdem entscheidet sich an
dieser Wahl Menschlichkeit oder Zerstörung,
Heil oder Unheil, Paradies oder Hölle…Zu

umgehen ist diese <<Wahl>> nicht, und die Frage ist nur, wie wir selbst uns entscheiden."[26]

III.

Alle drei, *Karl Rahner, Hans Urs von Balthasar* und *Eugen Drewermann* haben in ihrer literarischen ‚Produktion' wahre ‚Gebirge' angehäuft, bei *Drewermann* geht es nach wie vor ungebremst weiter. Was aber diesen drei – vom Umfang her eher kleinen Büchern dieser Autoren - gemeinsam ist, ist der für den Leser beglückende Umstand, dass sie uns einen tiefen Blick in das Innerste ihrer Autoren, in deren ‚Seele' gewissermaßen ermöglichen. In das, woraus, wovon und woraufhin sie leben. Hier hat man die Riesenwerke quasi ‚in nuce' vor sich. Bei *Drewermann* geschieht dies zudem durch das ‚Prisma' Dostojewski, den er wie kaum ein Zweiter zu erschließen vermag.

Rahner – das zeigt gerade auch die Neuausgabe von Pater Anselm Grün im Jahr 2021[27], aber auch die Hinführung

---

[26] Eugen Drewermann „Dass auch der Allerniedrigste mein Bruder sei", Zürich und Düsseldorf 1998, S. 95 f

[27] Karl Rahner „Von der Not und dem Segen des Gebetes" – Mit einem Vorwort von Anselm Grün, Freiburg-Basel-Wien

von Hubert und Siebenrock aus dem Jahr 2004[28] – steigt in diesem Buch in Tiefen und Abgründe menschlicher Existenz, wie es kaum sonst noch zu finden ist. Andreas Batlogg schreibt darum einleitend zu Band 7 der Sämtlichen Werke Karl Rahners, der auch diesen Text enthält, dass diese „meditativen Texte, Studien und Gebete zum Schönsten gehören, was das 20. Jahrhundert zu bieten hat"[29].Ähnliches kann man vielleicht von *Balthasars* Meditation der Kreuzwegstationen Jesu in der Berliner St. Hedwigs-Kathedrale sagen, die noch unterstrichen werden durch die eindringlichen Illustrationen von Josef Hegenbarth.

Diese Autoren erschließen in diesen Werken den Glauben in einzigartiger Weise, indem sie dabei ‚mit ihrer ganzen Existenz gestikulieren", wie es Kierkegaard formulieren würde.

2021

[28] Beten mit Karl Rahner, Band 1 „Von der Not und dem Segen des Gebetes", Freiburg-Basel-Wien 2004 – Mit einer Einführung von Rudolf Hubert und Roman A. Siebenrock

[29] Andreas Batlogg im Klappentext Band 7 der Sämtlichen Werke Karl Rahners, Freiburg– Basel– Wien 2013

Oder, wie es Johann Baptist Metz über Karl Rahner sagte, dass

> „seine Theologie… eine einzige Gestikulation christlicher Existenz in spätmoderner Zeit (war)" [30]

Rahner, Balthasar und auch *Drewermann* erweisen in ihren Werken in beeindruckender Weise, dass es **deshalb** keinen Grund zu Fatalismus, Resignation und Skeptizismus gibt, weil ER da ist, uns begleitet, uns entgegenkommt und Gemeinschaft mit uns sucht. Es ist der jüdisch-christliche Gott vom Sinai und von Bethlehem, dessen Name „Ich bin der Ich-bin-da" lautet. Alle drei Bücher erweisen, dass ein Leben in der Gottesferne kein Leben ist. Diese ,Gottesferne' kann sich überall und zu allen Zeiten ereignen, auch angesichts voller Supermärkte und im Digitalzeitalter, angesichts von Schönheitswahn und einem medialen ,Trommelfeuer' in Bezug auf Aussehen, Gesundheit, Macht und Ansehen. Allen diesen Phänomenen ist etwas gemeinsam: **Wenn das Herz leer ist und leer bleibt, dann kann der Mensch nicht wirklich leben.** Er kann nicht nur bei sich bleiben.

---

[30] Karl Rahner in Erinnerung, Düsseldorf 1994, S. 94

Er muss von sich weg fliehen. **Die Frage bleibt nur, wohin oder zu wem oder was er flieht.**

Unser Glaube sagt uns: Du musst der Sehnsucht deines Herzens trauen. In dem Maße, wie der Mensch ihr traut, sich auf sie einlässt, in dem Maße trägt sie. Denn sie ist das Sehnen im menschlichen Herzen, das Gott selbst dort hineingelegt hat. Darum stimmt der Satz von Blaise Pascal: „Wer Gott sucht, hat ihn schon gefunden."

Und darum kommt eben wirklich alles auf die „Öffnung des Herzens" (*Karl Rahner) an*. Wie aber geschieht diese Öffnung, wie passiert der „Schritt des Glaubens"? *Drewermann* hat klar gesehen: „Leben gibt es nur im Glauben"[31]. Dabei ist jener Glaube vorausgesetzt, den Karl Rahner beschrieb „als die positive, bedingungslose Annahme der eigenen Existenz als sinnvoll und offen auf eine endgültige Erfüllung, die wir Gott nennen."[32]

---

[31] Eugen Drewermann „Strukturen des Bösen", Paderborn-München-Wien-Zürich 1988 (Sonderausgabe, identisch mit der Ausgabe von 1986; erste Auflage: 1978, Band III, S.XLI ff

[32] Karl Rahner/Karl Heinz-Weger „Was sollen wir noch glauben?", Freiburg-Basel-Wien 1979, S. 40 f – SW 28, S.548

In den Worten Eugen Drewermanns:

> „Dies ist der Schritt des *Glaubens:* dass ich mich selbst... meine...Existenz als geschaffen, vom Unendlichen her als bejaht, gewollt, berechtigt entdecken kann und dass diese Entdeckung es ermöglicht, mich selbst zu akzeptieren.... dass ich den Grund und die Rechtfertigung meines Daseins nicht zu erschaffen brauche, weil es diese Grundlage meines Daseins bereits gibt... denn Gott hat mein Leben gewollt." [33]

Doch er wird nicht ohne das „Wagnis des Christen"[34] gehen, dieser erste „Schritt des Glaubens":

> „Man kann es eigentlich niemandem vormachen. Man kann niemanden zwingen, die Planke loszulassen, an der der Mensch sich krampfhaft festhält, obwohl er weiß, dass sie ihn nicht retten kann, die Planke der verzweifelten Selbstbehauptung und der sich selbstbehauptenden Verzweif-

---

[33] Eugen Drewermann „Strukturen des Bösen", Paderborn-München-Wien-Zürich 1988 (Sonderausgabe, identisch mit der Ausgabe von 1986; erste Auflage: 1978, Band III, S. 546

[34] Buchtitel Karl Rahners

lung…Man kann nur immer wieder sagen: Dein angebliches Nichtkönnen…geht gar nicht in Wahrheit als eine bloße Tatsache deinem Wollen voraus…Warum will dein Knie, deine Hand, dein Mund nicht sprechen, was dein Herz vermeintlich nicht kann? Weil es unredlich wäre? Aber ist es unredlich, so zu tun mit dem Leib, wenn das Herz sich sehnt, zu können, was es vermeintlich noch nicht vermag? Sind wir uns aber nicht einig, dass dein Herz ersehnen soll, was es – wie du sagst – nicht kann, glauben an den Sinn, die Freiheit, das Glück, die Weite, die lichte Wahrheit, an – Gott? Wie könntest du, was in dir ist, ausdrücken mit dem bitteren Wort: Ich kann nicht, ohne zugleich einzugestehen, dass es gut wäre, ersehnt und verpflichtend ist, zu können? Ich meine, es bleibt dabei: Gnade kommt in der Gestalt deiner freien Tat; und es ist nie so, dass du nur warten dürftest. Eines kannst du immer: wenigstens auf den Knien und mit dem Mund in die ohnmächtige, grenzenlose

Finsternis deiner toten Herzenswüste hineinrufen, dass du nach Gott verlangst…" [35]

[35] Karl Rahner „Beten mit Karl Rahner", Freiburg-Basel-Wien, 2004, Band 1 „Von der Not und dem Segen des Gebetes", S. 60 f – SW 7, S. 47 f

Zum Autor

Rudolf Hubert (geb. 1958) ist Referent für die Caritaspastoral im Caritasverband für das Erzbistum Hamburg e. V.

Als Schüler in der ehemaligen DDR ist er auf das Büchlein von Karl Rahner gestoßen: "Von der Not und dem Segen des Gebetes".

Mit diesem Büchlein konnte er spirituell und intellektuell in der damaligen Situation Boden gewinnen. Seine anhaltende Beschäftigung und vertiefende Auslegung des Werkes Karl Rahners hat er in der umfassenden Studie zusammengefasst: „Im Geheimnis leben – Zum Wagnis des Glaubens in der Spur Karl Rahners ermutigen" (Würzburg: Echter 2013). Dieses Werk kann als vertiefende Auslegung ebenso empfohlen werden, wie als mystagogische Anleitung zur eigenen Glaubensfindung bzw. -vertiefung."

Prof. Dr. Roman A. Siebenrock, Universität Innsbruck